AF292795

Gabrielle Golondrina

FÉMINITÉ & MÉDIOCRITÉ

© 2024, Gabrielle Golondrina
Édition : BoD • Books on Demand GmbH, In de Tarpen 42,
22848 Norderstedt (Allemagne)
Impression : Libri Plureos GmbH, Friedensallee 273,
22763 Hamburg (Allemagne)

ISBN: 978-2-3224-7811-8
Dépôt legal : septembre 2024

*Je suis du règne des espèces
qui dans l'étreinte produisent
du feu.*

DE SE FAIRE LE POÈTE

Il y avait un sens
Au geste d'élégance
Que je fis lorsqu'un soir
Sans raison sans savoir
Je pris ma propre plume
Et la trempai sans doute
Dans l'encre du désir
Qui du poids d'une enclume
Et de sa force toute
Enduite à faire mourir
Mes sens alors taris
Me dicta sans attendre
Quelques mots appauvris
Qui s'étaient voulus tendres

Quand ils touchèrent au but
Je pris peur et sombrai
Dans un sommeil de brute
Agitée par l'idée
Que s'il me répondait
J'ouvrais là un chemin
Dans lequel m'engouffrer
Ne pouvait être vain

La plume pourtant fut
Lourde de nos envies
Lesquelles il apparut
Ne furent pas ravies
De se voir renversées
Par des soupirs plus sages
Des sourires un peu las

Parce que le langage
Qui entre nous parla
Était fait d'une audace
Qui ne s'expliqua pas

Et pire avant tout ça
Il fut pris dans la glace
Et nous dûmes accepter
Que nos mots révérés
Ne s'entendissent en rien

Son langage et le mien
Ne pouvant s'accorder
Le poète abdiqua
Et fit jouer ses doigts
Dans les plumes froissées
De mes ailes d'ici-bas
Qui de leur propre loi
Se déploient d'un baiser

À terre alors le feu
L'embrasement bohème
La beauté de si peu
Notre histoire se referme

D'UN HOMME À SA FENÊTRE

Entre deux entrevues
Alors que de mon pas
Je chatouillais la rue
Je dus m'arrêter là
Pour chercher mon chemin.

La place, le lampadaire,
Je connaissais chacun
Les remarquai naguère.

J'avais été là-haut
Il m'en souvint alors,
J'avais usé ma peau
Sous l'œil de matador
De cet ami boiteux
Qui rêvait de m'abattre.

J'avais vu dans ses yeux
Qu'il attendait l'albâtre
D'une aurore courageuse
Qui nous aurait trouvés
Dans une image heureuse
Un lit, des draps défaits
Et ma promesse à vie.
À mort aussi — j'ai fui.

Souvenirs d'une nuit
Passée près du danger
Attisèrent mon envie
Et il fut informé
De ma proximité.
Je cueillis dans un souffle
L'expression soulagée
D'un amour qui s'essouffle
Et renaît de ses cendres.

Mais il ne put descendre :
Il s'en trouvait une autre
Une qui avait dit oui.

Ce qu'il avait fait nôtre
Ne pouvant être enfoui,
Il m'envoya de loin
Ce baiser sans témoin.

Drapée dans ma distance
Et flattée d'être en vie
Je poursuivis ma danse
Des faveurs de la nuit.

Je courus voir ailleurs
Si l'on pouvait m'aimer
Avec tant de ferveur
Qu'il m'avait détestée.

L'OISELLE ET LA DÉSILLUSION

« L'oiseau qui vole n'a pas de maître. »
Prétend le dicton.
Et que fait-on du vent, ou de l'absence d'élan,
Ou pire encore, du regard des hommes ?
L'oiselle le sait, elle qui perdit des plumes
Dès qu'elle grimpa dans l'arbre.
Il était haut, l'écrasait de vertige.
Son cœur battait oui mais d'effroi plus que de vie.

Pourquoi plonger, s'abandonner aux assauts aériens ?
« Parce que tu fais rêver les hommes, ma belle oiselle,
Si et seulement si tu étends tes ailes. »

« Et si je tombais », gémit-elle.
« Nous te ramasserons, répondirent-ils.
Dans une grande cage dorée nous t'installerons
Pour ta convalescence et nous te chérirons. »

« Vous me fétichisez plutôt, s'énerva-t-elle,
Assez de vos insultes.
Si c'est pour amuser vos yeux
Que je dois m'envoler
J'aime encore mieux vivre sous terre
Et ne confier mes plumes
Qu'à l'ombre la plus sombre. »

DES VACANCES

Si vaste la demeure
Et pour mon cœur de pierre
Les murs sont un écrin

Chérie, sois la plus douce
À défaut d'être bonne
Ronronne de concert
Avec la bête à poils
Minuscule souveraine
En haut de l'étagère

M'alanguir de soupir
Quand tout m'incite à fuir
Le corps gonflé d'hormones
D'une tenue haïssable
D'une forme que condamne
Le regard dur des femmes
Quand elles jugent au reflet
Celle qui dans le miroir
Est trop ou pas assez

Forcées par l'exigence
Par l'absurde croyance
Que c'est à des yeux mâles
Qu'il leur faut trouver grâce

Pleure encore, pleure un peu
Donne une larme à ta joue
Elle se fera une joie
D'en refléter l'éclat

Qui dira ta beauté
Sans se soucier des traits
Puisant sa vérité
Dans ta vivacité

Ne soyez pas de belles
Mais soumises créatures
Qu'il soit je vous en prie
Surtout beau d'être en vie

Depuis ces temps anciens pervertis par la rage,
J'avais banni ton nom qui provoquait l'orage.
Il m'était arrivé, et je n'en ai pas honte,
De t'appeler *défunt* — la mort je la surmonte.

Osais-je alors saisir vraiment le fond poisseux
Des apparences de misère ou bien le feu ?
L'embrasement de ton souvenir, à défaut
Du jour maudit où s'abattit sur toi la faux.

Voilà qu'en écho au cri sourd de mes entrailles
La paix que tu me vends est la seule qui m'aille.
Issue d'un marchandage qui nous fait honneur,
À savoir notre amour érigé comme un leurre,
Elle eut pour résultat que nous nous vîmes enfin,
Et nos deux corps dans l'herbe de nouveau ont faim.

Le ciel à l'envers et les arbres pour sol,
Mes mains loin de ta peau, ce sable qui m'affole,
Ton soupir qui me raconte comment j'inspire
Dans l'au-delà encore et par-delà le pire
Les désirs et les astres — et ton soupir me brise.

Je dois rentrer, je dois filer mais je suis prise.
Si je restais, si de l'enfer je me servais,
Si je vendais mes ailes, à tes pieds les posais…

Jamais. Le coup de vent qui fait voler ma robe
Glisse un regard sur les trésors qu'il me dérobe.
À chaque nuit tombée, chaque amour consommé,
Pour la dernière fois, la seule fois je crois,
Faisant un pas vers toi ainsi je te quittai.

*Je croyais qu'un cœur brisé faisait toujours le même son.
Et toujours le même mal.*

DE LA PUDEUR

Vous étiez homme à vouvoiement
Et je ne savais pourquoi
Je vous ai connu au plus profond
de moi
Vous ai goûté par toute la chair
Suis devenue l'eau et le feu
sous vos doigts
Et pourtant

J'ai rencontré votre peau
Soutenu l'indécence de votre regard
Exsudé les lettres de votre prénom
Posé sur vos épaules ma soie la plus précieuse
Et pourtant

J'ai compté les jours avant
Les jours après les jours depuis
Les jours jusqu'à
Caché aux autres le poids
Que vous preniez dans mes organes
Et pourtant

Le jour où je vous ai touché
Ce fut en prononçant le mot
Qui du même mouvement
Me fait venir à vous et me repousse
Avec plus d'amour encore

Vous dites cela bien
Avec rare finesse
Mon défenseur minoritaire
D'une vertu dont vous m'honorez
Malgré le nu, l'interdit
Les guitares dans la nuit

Et pourtant
Vous dis-je
Et pourtant
Vous tanguez
À genoux sur la marche vous m'offrez
De vous la liberté de redéfinir
Et l'abandon et l'abondance

LE MAÎTRE LES PIEDS DANS L'EAU

Il n'y a aucun doute, je connais mes désirs
À l'aube du mois d'août se trouver sur la route
Pour ses beaux yeux du Sud

Pas de promesse qui hâte, pas de coup d'aile qui presse
La privation des mots d'esprit dits par le corps
Pris par l'espoir

Dis-moi poète
Tu voyais quoi ce soir
Et dans le noir tu aimais quoi
Sinon l'image menteuse de celle qui en aimait un autre
Et qui se marre en le disant

Tu étais bien joyeux la veille
Moi j'étais bien heureuse surtout
Couvée par le regard que tu rendais jaloux
— D'où les malheurs que ta venue rendait farouches
Qui dévoyaient d'un coup l'immense souhait
D'amour amer qu'il avait formulé

Allons mon maître
Apprenez-moi la rime humble des pauvres
Et à forcer les *R*
Ne flattez pas ma prose
De toutes ces envolées
C'est le poids qui me manque

LES CINQ CICATRICES DES AVERSES SANS FIN

Première. Dans le cou. La trace invisible et brûlante, baiser fantôme, ombre évanouie.

Deuxième. Sur les poignets. La souplesse de la douleur, son agilité serpentine et sans repos.

Troisième. La ligne de grossesse, un duvet d'adieu sur le ventre, la transmission du fardeau des émois.

Quatrième. La vergeture, sa famille de tigresses, leurs reflets bleus pailletés.

Cinquième. La cardiomyopathie. Rupture du ventricule gauche. Celle-ci laisse des marques que l'on ne verra pas.

En pendant ce temps-là, il pleut. L'eau du ciel descend doucement, sans souci de la pesanteur parce qu'elle est symbolique plus que réelle. Le sol s'enfonce, se noie pour parfaire l'illusion. Le soleil aussi respecte les chagrins et prétend se secouer le poil — comme s'il avait pris l'eau.

Le monde joue le jeu de l'averse sans fin où s'épuise la tristesse de ceux qui n'en sortent pas. Néanmoins, si la cicatrice est assez profonde, l'être en peine peut s'y glisser, se perdre sous les replis de chairs qui se confondent les uns les autres.

Je vous dirais bien comment l'histoire finit, comment se tarissent les pleurs et se calment les cœurs, mais ce n'est pas le sujet.

RUE DE LA CASCADE

Depuis mes yeux la vue sauvage
Le vent siffleur et gai, compagnon d'arpentage
D'air en arpèges me tient la main jusqu'à la chute
Ruisseau d'espoir même quand la lutte est
compromise

En bas toujours plus bas
Si loin jamais plus proche
Mieux vaut le mirage avalé, la fierté au cœur
Que ces couleurs passées
Ternies par la fatigue d'un désir envolé

Le rêve en trop, croisé sur la route du calvaire
Retenu comme un chien en laisse à la barrière
Abandonné par les hommes fatigués
Que tout ce vert en une vie a lassés

Entre deux pierres polies, contre la roche glacée
J'aurais aimé entendre un dernier cri de rage
Le secret, sa lourdeur ; ce que seul un ciel noir
Extrait du corps des hommes — car tous manquent
de courage

J'avais pour moi, et c'est beaucoup déjà,
L'espace du temps et des minutes bien vastes
Au moindre oiseau de proie je subissais ma hâte
Me prenant au passage un nuage ici ou là

J'aime insuffisamment la Terre qui nous gouverne
Sans culpabilité car elle me le rend bien
Mais j'entends lorsque râlent ses entrailles dévastées
Lorsque l'homme l'embrase et s'en va sans payer

Du haut de ces hauteurs où j'assumais, mauvaise,
Que se répètent mes mots comme la bêtise humaine
J'avais peur de ces jours où vivant à mon aise
Je n'aurais plus à craindre que la mort de ma haine

L'eau cascade en rebonds et j'interroge le bruit
« Mon ami si je saute, sais-tu ce qui m'attend ? »
Le vacarme est silence lorsqu'il s'éprend de vous
Et ne fracasse que dès qu'il vous sait loin de tout

La réponse ne vint pas et prit l'anonymat
Les forêts me chassèrent car j'étais étrangère
Citadine sans couleurs, j'avais ma part de torts
Le béton il est vrai m'allait bien mieux au teint

Voulant cueillir une fleur je suspendis mon geste
C'était piteux et beau, lamentable et sublime
J'aurais offert plaisir à quelque âme embaumée
Mais cet amour est vain quand c'est tout ce qu'il reste

À la faveur de la nuit
J'aurais eu pour vous bien des égards
Des façons de faire sans la pudeur
Des accents d'enfer et de fureur
Les yeux glacés, la peau pelée

Eût-on pensé que trop de caresses
Nous aurait brisé les sens
Pour finir par ramper dans
Les débris et les ronces
Et les promesses

Voyez-vous au fond
Ce qui comptait au hasard de l'ennui c'était
Vos coups portés
Vos cous rompus
Vos pas perdus
Vos pires défaites
Ce pour quoi tout ce temps durant
On a détourné de vous le regard

Moi-même j'avais oublié
Mais je suis
Là comme vous êtes las

Oh, m'étendre à vos côtés…

Alors que la colère déraille ma voix
Je te vois épouser le velours du canapé
Et retenir sans trop forcer
Un sourire qui s'impose à tes lèvres, à moi

« J'adore ce malaise, écris-tu dans l'air,
Par ailleurs il m'excite. »

Touché — voilà ma radicale intolérance
Mouchée par ta bourgeoise mollesse apolitique

Pénétrée par l'idée de te défenestrer
Je me fais une raison : t'aimer est un désastre

Je vends mes convictions pour quelques coups
de langue
Quand tu remontes sur moi je m'en fous de ton vote

Méduse éprise, je tais la rage que tu m'insuffles
Pour moi pourtant ton abstention est une insulte
Je t'imposerais l'abstinence, torturerais
Ta vue, ta peau, si j'avais quelque empire sur moi

On s'enflamme par les ombres et le soleil au mur
Évapore l'embarras dont tu te repaissais
Quand tu me parles et sombres dans un sommeil profus
J'étreins fort l'enveloppe de ton cœur délesté

Mon allié, mon ami, mon amant des mardis
Ce sont ces flottements qui font vibrer les cordes
De ton humanité, constamment affaiblie
Par l'abandon d'un peu de politisation

Tes pensées par ta bouche passées contre mon cou
Tes reins me martelant de ton indifférence
Sont le dessin du monde divergent qui t'habite
Et le lit du fossé qui unit nos extases

Tu t'abreuves au réel dont les rares intrusions
Dans ta vie bien rangée te sont lave en fusion
Tu traverses ma peau — subliminalité
Tu m'achèves de ta faux — sublime réalité

***

Mais si ta bouche retrouve la mienne
Ou l'intérieur de mon poignet
Ou mes reins là où ils chutent
Je me réveillerai pour de bon

Miroir aux inconnues
Voici donc l'imposteur
Qui fait face à ton corps
Enveloppe d'inconfort

D'un coup d'œil insistant
Le regard t'avertit
À partir de l'instant
C'est moi qui tiens les nerfs

Ne confonds pas douleur
Et sa maîtresse souffrance
La première tu l'implores
Pour que l'autre s'efface

Tes mains hurlant
Sors de ma peau, diablesse
Ta bouche mordue au sang
Entretient l'apparence

La brûlure de la corde
Dont tu cingles ton dos
Est une respiration
Mais l'océan est vaste

Erre en vain, persévère
Convaincs-toi d'espérer
Viens frapper de ton mal
Les rochers du désert

C'est mon dû tous les mois
Je viendrai prélever
Cet impôt né du ventre
Qui ronge aussi ta tête

Logée entre tes cuisses
Je te ferai haïr
Ta personne et ta vie
Ce par quoi tu existes

Plus tu meurs plus j'en veux

Tes sanglots délicieux
Tes convulsions m'extasent
La courbure de ta peine
Me broie d'éternité

J'ai passé la chambre à ranger ma journée.

Elle était dans un diable de tous les bordels. Cela faisait quatre pieds que je n'y avais mis les mois. C'est que le canapé me faisait dormir sur la dépression. C'est plus quotidien au pratique.

De tout moment on vit notre moitié à vie à cette façon-là. Je ne voyais plus le jour de la lumière, l'extérieur fermé sur les rideaux. Les talons dans le moral, plus parler à qui personne.

J'étais en santé pour des raisons d'arrêt. Mon licencié voulait me patronner, alors j'ai devancé les pris, j'ai dit collègue à mes adieux, et soudain, j'ai guéri. La honte et le noir ont chassé la confiance et le calme.

Non. Je me suis termes dans les trompée. La confiance et le calme ont chassé la honte et le noir.

Le silence entre nous me rallonge le temps
D'une brise légère il fait un vent d'autan
D'autant d'attente il vide et compresse mes poumons
Souffle le feu que sans pitié nous rallumons

Il ne serre pas comme toi ma gorge
Mais s'en saisit pour me coucher
Dans les draps de chagrin dont tout mon lit regorge
Sans toi c'est sans chaleur que je mords l'oreiller

J'ai beau compter par quinze, j'ai beau compter
par deux
Si dans l'instant c'est trop, quand tu t'en vas c'est peu
Ce dont je me nourris, ce que je garde encore
Ton odeur pour une heure, puis le réel m'endort

Comment dit-on « absence » dans la langue du corps
Je salue tes retours en te tournant autour
Vautour qui de sa proie guette le souffle mort
Ton ultime abandon pour honorer mon tour

Vêtue de larmes et de rires, votre maîtresse
Ravale et sa passion et sa fierté, redresse
Une tête affamée pourtant déjà pleine de vous
Et silencie un manque, que sans peine elle avoue

Tu déploies dans mes jours ta venue par à-coups
Puis me rends à la nuit qui tombe sur mes reins
Si long silence si l'on se lance à sa poursuite
À coups de rien

LA LAYLA QUE JE FUS

Elle errait dans les rues
Donnait son numéro
Fuyait tôt le matin
Ne rappelait jamais

Paris s'en indiffère
L'histoire a mal tourné
Les pavés ont souffert
Sous son pas énervé

Quelques hommes ont pâli
L'ont appelée sorcière
Ont payé le demi
Elle est repartie fière

Layla signifie nuit
L'ennui c'est que celle-ci
N'a plus la même saveur

Le seul noir qui console —
Celui qui l'accueillit
Recueillit tous ses pleurs —
Est le patron des salles
Obscures et anonymes :
Ce n'est qu'au cinéma
Que s'éprouve l'amour

Protégée de pénombre
Loin des regards qui brûlent
Layla n'aima plus l'homme
Rien que l'art qui l'anime

Deux ans passèrent ainsi
On revint à Toulouse
Laissant Layla là-bas

On rendit à la nuit
Sa liberté d'errance
Puis on l'a oubliée

Il n'y a que Clapton
Qui parfois nous rappelle
Combien on s'amusait
D'avoir été Layla

L'ABSURDE N'EXISTE PAS

D'abord un détail
Mon passé affleurant par ta bouche
Ce que tu ne pouvais savoir
Et que tu n'ignorais pas
Ce que tu supposais et qui était vrai
Ce que donc tu savais

Gestes parlants pour un regard à terre
Suivant la route de l'attendrissement
L'église dans mon dos
L'éclairage ajusté au vent dans mes cheveux
Et ce velours
C'est bien joli

« Dis-moi tes vices »
— Tu m'as mal comprise
Si je t'ai suivi, c'est pour ce détail
Cette connaissance surgie
D'un inaccessible néant
Tenu fermé
Qui fait honneur à ma méfiance

Pas mon vrai prénom
Pas de réponse
Une lettre à mon cou
Te parle entre les lignes
Est-ce que jouer c'est tromper ?

LES PIEDS SUR LA MADELEINE

Sans rivale en la matière
Vous avez sans doute été
De toutes celles que j'ai aimées
La plus abîmée

Mon cœur dépité, ma foi massacrée
Vous refusent à mes souvenirs
C'est encore pire d'en rire
De m'en ravir jusqu'au dernier sourire

Debout devant l'église
Je crois l'avoir toujours su dans mon culte de vous
Pourtant cela me tue de n'en avoir rien vu

Pieds joints sur les dalles noircies
J'offris un visage neuf aux regrets adoucis
Par le délaissement du royaume d'Hérésie

Quelques pas dans la nef
L'hommage n'y était pas
J'ai allumé un cierge

Marie de Magdalen
Ce surnom prophétique ne m'amuse plus du tout

Renoncez au péché
Si pour vous c'en est un
Et j'entends votre amour dans votre persistance
À me faire demander pardon pour mes offenses
Quittez la repentance
Descendez me rejoindre aux bas étages des anges

Votre cœur de diamant
Ce chien inimitable
Vous m'en avez privée
C'est votre liberté

Au moins ouvrez les yeux
Votre Dieu vous traite en suivante
Or nul de vos clients n'en aurait fait de même
Il est de tous les hommes le plus traître et le pire
Plus exigeant, autoritaire et exclusif
Il n'a pas même un corps pour vous réconforter

Oh Madeleine... je n'ai pas de haine
Seulement le chagrin qui me submerge
De songer qu'à présent ma vie de vous est vierge

L'OISEAU BLEU

Bluebird en bord de ciel
Au bord des draps dont je fuis les bras
Embrassé là comme en plein vol
Quitté trop tôt
Tard dans la nuit
Le réveil que je ne t'ai pas offert
La métaphore qui manquait à mes mots

Mais ta force de voix a marqué ma mémoire
Ô matador si tu savais de quel émoi
Et cet accent
Un goût de l'île
Masquant surtout la crainte de l'idylle
Qui ravit quelques heures
Irradie jusqu'à la peur
Du silence qui s'ensuit

Le pardon que tu me demandes
Qui est en fait celui que je te dois
S'il est lancé dans le bleu de ce soir
Sera mon refuge heureux
Dans les tourments que ta présence
Inflige à mon soleil pourtant féroce

Bluebird en bord de ciel
Je te laisse rentrer sans moi
Je te guette dans les endroits
Où les grands vents
Pourraient m'entendre
Te dire adieu

DE LA CAPTIVITÉ

J'ai dit :
« Votre regard caresse mais aussi il foudroie »
Et parfois
Tu regardais ailleurs et j'étais là quand même

C'est vrai j'ai osé croire
Que j'étais importante
J'ai frotté mon orgueil
Contre ton narcissisme

Tu ne pus ignorer que nos ambiguïtés
Tenaient mon corps contre tes mots
Si la distance n'avait contraint ma dépendance
J'aurais donné quelque texture à tes sous-entendus

C'était incandescent, prometteur
Cela sentait le musc et les draps à défaire
J'ai sacrifié quelques heures de sommeil
À l'extinction du doute
Glissant mes doigts où j'eusse aimé croiser les tiens

Or il n'est de nuit
Même la plus courte
Qui n'accueille sur ses plages une aurore trahissante

Tu avais consommé et, rassasié,
Mon attention te devint indigeste
Alors tu pus me dire
Sans ciller, sans trembler
Embrassés d'une seule phrase
Et le désir captif et la plus plate indifférence

Je n'étais pas nue mais presque
Tu osas prétendre l'être
Est-ce que j'étais vexée d'être perdue dans le
nombre
Ou simplement déçue que tu sois si commun ?

La culpabilité noie mon regard
Et je voudrais te la rendre

DE L'HUMILIATION

Une fois
J'ai dit que
Tu ne me ferais pas souffrir
Mille fois
J'ai dit que
Tu m'avais blessée
Et puis
Parfois
J'ai cru que
Tu m'avais humiliée
Tu vois
Je ne sais pas

DES MIETTES

Tu crois lâcher sur moi
Les paillettes dorées
De ton amour biaisé,
Or ce que je reçois
Cela se nomme miettes

Lors de soirées inquiètes
Elles abîment ma peau,
De toutes leurs offenses
Roulent sur mon visage
Qui saigne d'ignorance
Me brouillent le paysage

Et tu te crois grand prince
De me donner des bouts
D'une vie qui te coince
Au milieu des remous

Oui j'ai épousé l'ombre
Tandis que tu jonglais
J'ai renoncé au nombre
Tandis que tu comptais

Ne confonds pas mon cher :
Le jongleur est bouffon
Si j'ai l'attente amère
C'est que nous étouffons

M'aveugler est aisé
Mon cœur rit de délice
Dès qu'il est caressé
— Volage comme une cuisse

Mais tes « oh » trop polis
Et tes sourires trop grands
Quand ils sont à ce prix
Ils me sont écœurants

C'était ingrat je sais
J'ai dit des mots vulgaires
Mon regard dissocié
Appelait à la guerre

Cible un peu hasardeuse
De mes récents tonnerres
Tu fus ma douloureuse
Punition d'adultère

La flèche atteint son but
Ce n'est pas la dernière
À l'instar des minutes
À l'instar de tes miettes

DE LA DENSITÉ

Je t'ai laissé payer le verre
Pour me prouver ton existence

L'humeur brouillée par la distance
J'avais traîné, erré, peu fière

Confrontée à l'altérité
À ces regards qui m'encombraient
Assez de toi me soulageait
Mon refuge et ma déité

J'eusse aussi pu jouir d'un mirage
Plutôt ici fuir un orage

Rougeur, moiteurs, moi tout en sueur
Douceur, toi seul, toi tout en lueur

Cela viendrait après les heures
Que nous donnerions à la rue
Le loup qui défiait ses peurs
Et sa chienne et sa langue crue

Certainement pas empêchés
Nous étions blancs de nos péchés
Certains ne mentent que pour eux
D'exalter en eux l'orgueilleux

Nous donnons naissance au secret
Qui tient ta main qui tient ta clope
Quand je te remets l'enveloppe
Je scelle ainsi nos faux regrets

Nous ne saurions être autrement
Tu es réel, je le découvre
Et je m'en réjouis foutrement
Et sous le draps qui nous recouvre
Tu dis cobras, j'avale couleuvre

HISTOIRE DE LA PASSION

Edulis, déesse de la Passion, régnait sans merci sur les cœurs et les tripes de ses sujets. Nous étions à l'ère où la glace habillait forêts et prairies, où les fleuves et les rivières ne pouvaient se mouvoir, où les océans eux-mêmes frissonnaient de leurs négatives températures.

Edulis, que nul froid jamais ne faisait trembler, maintenait vive la flamme de son ardeur à être au monde, oubliant bien souvent que ses sœurs, Pyrus et Balbisiana — respectivement maîtresses de la Tempérance et de la Modération —, dans cette atmosphère peinaient plus que de raison à effectuer leur office.

Un jour, au bord de l'extinction, elles vinrent trouver leur sœur, enflammée à cette heure par le reflet chatoyant d'une larme de rosée cristallisée. Pyrus, plus tempérée, prit la parole.

« Ma tendre amie, tu sais quelle joie c'est pour nous, dans les beaux jours, de te voir de-ci de-là batifoler dans tes atours et tes outrages, grisée de tout, émue d'un rien ; ton être entier rendant l'exaltation contagieuse. Seulement, si tu te tiens sur ces sommets de félicité qui ne souffrent d'aucun froid, il n'en est pas de même pour nous qui fatiguons au moindre souffle. Nos talents sont devenus inertie et apathie, et il ne nous semble pas juste que tu sois seule heureuse quand nous agonisons. Aussi t'implorons-nous : rends au monde une chaleur qui conviendra à tous et toutes. Ta sérieuse affection pour le vivant l'exige. »

Edulis, dans toute sa rouge ardeur, se jeta sur sa sœur et, ivre de son amour adelphe, exauça leur vœu raisonnable.

Voilà pourquoi, mes cher·ères ami·es, de passion pour l'humanité et votre droit à vivre, Edulis a sacrifié son confort. Voilà aussi pourquoi aujourd'hui la passion, de n'être équilibrée par la glace, ne sait que brûler trop fort.

DES HOMMES À VENIR

Pardon
Pardon pour mes vices
Pardon pour ma hargne
Pardon pour mon manque de confiance en moi
Pardon pour mes complexes
Pardon pour mes nerfs fragiles
Pardon pour mes sautes d'humeur
Pardon pour mon besoin de solitude
Pardon pour mon insatiabilité
Pardon pour mon inhibition
Pardon pour ma fierté ma vanité
Pardon pour ma discrétion
Pardon pour mes silences
Mais enfin
Il y en a qui lâchent cent
Cinquante boules pour me baiser

LE B

« Oh. Je vois le bordel. »
Oui chéri c'est cela,
Tu vois la maison close,
Tu devines en son sein
Les poitrines agitées.

Tu renifles enivré
Le musc de nos toisons,
Te languis à nos pieds
Lorsque nous nous taisons.

La dentelle à mon cou,
L'élastique à ma cuisse,
C'est mon œil qu'ils ravissent
Mais tu t'en souviendras.

Ils racontent mon goût,
Pas mon envie de plaire.
Tu t'éprends de ma chair
Et je le suis un peu.

Tu connais le tarif,
Tu crois que ces billets
Ils me font oublier
Ta part des privilèges.

De ta poche à ma main
Ils nettoieraient l'ardoise.
Ma mission, entre nous,
C'est de t'en détrousser.

Avec je paie les livres
Des copines féministes
Et on se rit de toi
— Bah oui, je suis putain.

Chéri tu l'as cherché :
Tu voulais me baiser,
Je te l'ai bien rendu ;
Rhabille-toi s'il te plaît.

Merci pour la bouteille,
C'est vrai que t'es gentil,
Je la boirai ce soir
Avec le seul que j'aime.

Au fait, je n'ai pas joui.
J'y parviens seulement
Lorsque je m'imagine
De mes lèvres habiles
Sucer jusqu'à la moelle
L'ennemi principal.

DE LA HONTE

Lorsque je me glisse sous tes longs cils, j'ai honte
De l'accueil que t'a fait le pays dans lequel tu t'es
installé — dans lequel je t'ai rencontré et aimé —
Qui est devenu tien quand celui de ton passeport vert
te proposait les barreaux
Qui te regarde de haut et se permet un avis sur ta
couleur de peau
Qui se fait juge de ton mérite et de tes mœurs

À l'époque où ta chambre à coucher était aussi la
mienne
Parfois quand tu sortais je me laissais aller
À d'envahissantes mais rationnelles pensées ; me
demandant si et dans quel état tu rentrerais
En fonction de l'humeur des flics
J'éprouvais une honte atroce à l'idée de devoir
prévenir ta mère en français si une bavure bavait sur
toi

Ou bien à la pensée
Que tu pouvais d'un jour à l'autre
Te voir
Forcé de partir

Dans un monde apparemment plein de droits, je me
suis ôté celui de te dire « mon amour » tant que je
n'étais pas capable de te protéger
J'ai passé une vie d'amour à ne pas te dire « mon
amour »
J'ai honte de ma langue qui s'est tue

L'histoire n'a rien d'amusant
Avant de signer ensemble
Il nous fallut répondre à des questions qui creusaient
l'intime et fleuraient la suspicion
Un fonctionnaire sans chaleur demanda « pourquoi »
cette union
Nous étions jeunes : mon futur tu tremblais de rage
Je mentais comme un subjonctif imparfait

Je bafouillai un lieu commun
Sur l'amour que l'on scelle (terrifiante perspective)
La continuité logique d'une relation de couple
(absurde fatalité)
Le symbole (la préfecture n'échange pas vos symboles
contre une carte de séjour)
J'avais honte de mentir

J'étais naïve et douce, terrifiée par l'administration
Elle m'éprouve toujours mais ma conviction a mûri
Aujourd'hui je répondrais mieux, je dirais ce qui est
vrai et nécessaire
« Je veux partager mes droits avec quelqu'un que
j'aime et que ce pays lèse »
Aujourd'hui je dirais sans rougir
« Oui, c'est pour les papiers »

Pour quoi d'autre, mon cher ?
Qui se marie sans intérêt ?
Qui se pose ce boulet à la patte sans croire qu'iel y
gagnera ?
Les impôts, l'héritage, la reconnaissance sociale,
l'approbation de la famille, la filiation, le nom,
l'accaparement de l'autre, le statut, la protection,
la fête, l'exhibitionnisme, la solitude, l'espoir, le
désespoir

Le 6 janvier, tôt le matin
Sapée dans la robe rouge qui me servirait ensuite de
tenue de putain
Je dus insister pour pénétrer le Capitole
Je n'avais pas joué le jeu de la blanche vierge
On ne voulut d'abord pas croire que j'étais la mariée
J'eus honte de n'être pas assez belle pour mon propre
mariage

Mais j'avais la classe d'un diable
Et mon futur tu m'as traitée de bombe
Nous aurions dû tout faire sauter

La cérémonie fut pénible
Je n'avais même pas de bouquet à jeter
J'eus honte d'ennuyer mes ami·es

Je ne t'ai jamais si froidement embrassé mon amant
D'un baiser imposé par le regard dubitatif de l'adjoint
Un lèvres à lèvres désincarné
J'eus honte de faire preuve d'un amour si fade

Nous sommes allé·es boire un café avec nos témoins
Tu es parti sans rien dire
Tu es rentré pleurer chez toi, tu avais peur, ton père
te manquait
Tu te sentais seul
J'eus honte de mon impuissance d'épouse

Le lendemain
La CAF avait décidé que moi
Femme
Je porterais désormais le patronyme de mon
Homme
De mari
J'eus honte d'avoir à rejeter ton nom

Après quelques mois
Il fallut de nouveau répondre à d'intimes questions
Dans le bureau d'un policier que, pour nous détendre,
nous avons appelé Sanchez
Comme si c'était drôle
J'eus honte de n'avoir pas d'autres armes

Enfin la préfecture
Lassée de mordiller nos nerfs
Nous fit venir sans annoncer sa sentence
Dans la salle d'attente
Devant les familles, les isolé·es, les épuisé·es,
J'eus honte de la puissance de mon passeport

***

Il gagna ses dix ans
Il pleura de soulagement et de colère
Il eut honte de ses larmes

Pendant des années
Il ne voulut pas parler de ce mariage
Il avait honte

La honte est rarement du bon côté

C'était souvent les plaines, beaucoup les plages ou les montagnes, et quelquefois les sous-bois. Toujours, la plus grande distance entre soi et le point de fuite.

Au loin, la possibilité d'une éclipse, la fin de la course, l'évanouissement dans le paysage d'après. Tourner une page noire de nuit, soupirer, soupeser les probabilités de revenir un jour.

À l'ouest, tant de place pour déposer ses chaînes et les quelques morceaux du cœur qui y restent accrochés.

À l'est, tant de place pour jeter sa peau d'adulte et enterrer la puanteur responsable qu'elle revêt.

Au sud, tant de place pour le rire, les larmes, la rage hurlée, le plaisir murmuré, la vanité encore et encore couronnée puis reniée, les désirs que l'on tait et les envies que l'on sait. Enfin, tout ce que l'on a aimé et qui est inutile.

Au nord, tant de place pour oublier.

Et là, tout contre soi, le silence et le droit. Le droit de partir sans rien dire, surtout pas au revoir.

LE FEU, LA GLACE ET LEUR MALHEUR

Avant nous, il y a tous les pardons que j'ai concédés
aux hommes
Qui fondent l'immense histoire de ma traîtrise
Parfois, je m'adresse à toi comme si j'avais inventé
l'amour

Tes errances qui parcourent des chemins que
j'abhorre
Convoquent à ma mémoire des vérités déchirantes
Tu connaissais, agissais autrement

Tout mon savoir est vain comme est vaine ma peine
Et le sang que tu chauffes de mes joues à mon sexe
En mes veines glacées se déverse avec douleur

Le rouge qu'il me fait voir réveille la colère que
j'espère
Tu m'inspires un dégoût que renverse mon désir
La sueur qui de mon dos se dépose sur ton torse
Se fait neige aussitôt que ton verbe faiblit

Ta fatigue m'exaspère, scélérat tu m'épuises
Tu te trompes, tu nous trompes et tu romps ma
confiance
Ton audace et ta crainte qui se mêlent
Dans ta bouche qui bégaie
Me sont miel écoulé de mon ventre

Viens en moi, viens pour moi, viens par moi
Lentement le rayon cessera de brûler

Où tu passes tu consommes et consumes
Fier au sommet de la somme de tes hontes
Tu m'admires à distance
De manier les mots comme un tison
Comme une tristesse et comme un vœu

Regarde mes mains,
Leur tremblement de délire,
Parfois je crois vraiment
Que j'ai inventé l'amour

DE L'INNOMMABLE (H)

À la question : « Tu es encore amoureuse ? »
J'ai pensé oui j'ai pensé non

J'ai dit l'amour fossilisé, passif
Un amour sans attente
Et pour toujours déjà là

Or quand j'ai eu l'amour face à moi
Je n'ai pas trouvé le mot pour qualifier
Ce qui circulait entre nous
J'ai beaucoup répété *tendresse*
Et c'était juste

Mais pas seulement

Il fixait le cœur tatoué sur ma poitrine
Fasciné
J'ai dit « il a des trous »
Il a dit « je ne les vois pas »

Nous nagions en plein souvenir
En perpétuelle déception

Mes ami·es, il serait bon de raconter
D'expliquer ce dont il s'agit
Mais n'avançons sur aucune phrase
Car implacablement tombe la sentence :
« Et maintenant ? »
Et maintenant il repart et s'éloigne et je reste et regarde

Se taire pour ne pas étouffer
Ce n'est pas l'ignorance qui abat
Mais précisément la certitude qu'il n'y a rien à faire
de tout ça

Attendre désarmée
Attendre à terre
Tandis que le sol absorbe les larmes et les excès
S'éprendre aussi bien de ces douleurs
Que de l'hérésie qui consiste à ne pas cesser d'aimer

« Tu es encore amoureuse ? »
Je ris que la question ne vous lasse pas
Venez la déposer sur le bord de ma tombe

SABLE

Sable, c'est une couleur de peau. Une teinte erronée dont l'éclat s'est trompé, qui dévie le regard et emprisonne l'envie que l'on a d'elle.

Sable, c'est un mouvement en décalage avec le sens du vent, c'est un pas dans un tissu large et superflu.

Sable, c'est la trace qui ne reste pas, la forme saisie et aussitôt refluant, qui a dit oui puis a filé sans signer.

Sable, ce sont les yeux promis à la cécité, fatigués du trop qu'ils ont vu, soupirant dans l'attente des vacances.

Sable, c'est le refuge de la sentinelle bossue, gardienne fidèle et minuscule, luisante traîtresse.

Sable, c'est la dispersion, les reflets changeants, l'impermanence de l'individu intouchable dans son entièreté mais préhensible éparpillé.

Sable, c'est qu'elle ne se résout pas à le vouloir, comme elle n'entend pas qu'il n'en soit pas ainsi.

Sable est insubmersible.

Sable est insaisissable.

DU SHOOT (NOS DIMANCHES)

Je n'ai hésité qu'une seule fois
Lorsque se faire du mal n'avait plus rien d'un jeu
J'ai craint l'erreur, la goutte de sang
Mes orages durent se taire
Pour reprendre ce geste qui t'avait échappé

Lointaine alors était l'époque
De ce désir sans possession
Qui comptait les cœurs sur mon corps
Et l'abandon ne lésait pas

Comment fûmes-nous si dures à consoler
Qu'un jour « je te connais » ne sonnât plus d'amour
Mais du plein écœurement d'un regret consommé ?

Malgré l'éloignement brutal
Les nœuds savants du shibari
Dans leur volupté sybarite
Rapprochèrent mon poignet du tien

Ta main en l'air, ferme sur la seringue
Impuissante à piquer
Dut relâcher l'étreinte et confier à mes doigts
Les œstrogènes que j'injecterais désormais
Dans les muscles que tu perdrais

J'étais venue pour les mots et l'amour
Plus rare encore j'y ai trouvé l'alliance
Toi qui reposes les tables
Que les fragiles dans leur souffrance
Envoient valser
Tu poses en moi aussi le désir que perdure la
confiance
Toi qui apprivoises
Et demandes la permission avant de séduire
M'apprends qu'il est possible
De se donner toujours
Sans jamais se tarir

L'EFFONDREMENT

La vastitude élémentaire. Trop d'espace dans lequel demeurent, à l'échelle humaine, trop d'incertitudes. Si cela se dit encore, si cela s'énonce, et par les mots se perçoit, alors cela est — mais jusqu'à quel point ? Il y a eu des disparitions en masse, des évaporations, des évanouissements dans les airs, puis la dissolution de l'air en lui-même ; et finalement, le triomphe du rien. À des vitesses indécentes, on n'a plus pu suivre, on n'a plus trouvé les termes qui racontaient avec justesse la passion de ces pulvérisations à répétition. Survenaient les événements mille à la fois. Toutes les bouches encore en état d'exhaler quelque son n'eurent jamais ni le temps ni l'espace pour donner forme et consistance à l'impression d'un effondrement. Alors s'enfuirent les pensées, qui avaient honte de n'être plus verbalisées, et la vanité de celles-ci rougit d'elle-même, s'embrasa, fut dissoute. Qui pour oser encore ce qui ne portait plus de sens pour personne ? Car personne ne survécut. Le sens fut une dernière lueur, il lutta pour conserver les lumières de son essence, s'oublia, se perdit, s'éteignit. Il ne s'agit pas du froid, pas du noir, pas du vide... Seulement, à la fin, il ne reste que le langage.

« Un pont, c'est un homme qui traverse ce pont. »

Elle regarde les hommes traverser des ponts et à la longue elle tombe amoureuse.

Mais des ponts, plus des hommes.

JE PRÉFÉRERAIS NE PAS

C'est une histoire de ponts
Et de celles et ceux qui traversent ces ponts

Un jour, toujours, ils se fissurent et s'épuisent
D'avoir par le réel trop éprouvé rages et paresses
Et les gens, d'amour las, regagnent l'une ou l'autre rive
Je préférerais ne pas avoir à choisir
Et jouir sans cesse du déséquilibre dansant

L'impossible m'arrange
Qui seul peut m'épargner la chute
Vers l'infâmie des plaisirs émoussés

Je reste, décidée, tanguant, par goût du ravage
Pour des sentiments forts quoiqu'en partie niés
Nul homme n'est une île mais le désert habite tous
les cœurs
Je préférerais ne pas mourir de soif
Et rire toujours de la pluie dans cent ans

On se croise sur les routes comme on se croise dans
les yeux : au milieu d'un hasard
J'ai fait sauter des ponts pour courir après ces
rencontres irréalisables
J'ai fait pleurer puis j'ai pleuré
Ou bien l'inverse
Je préférerais ne pas m'en sortir
Plutôt échapper à vos sentences en escroc

Fière au-dessus du vide
Je n'aurai touché qu'en rêve les peaux étrangères qui
m'obsèdent
Qui réfléchissent l'éclat de mes désirs
Je crèverai sûrement d'avoir pris ces reflets pour
des regards
Je préférerais ne pas perdre le privilège
de la lumière
Et que ce qui me blesse soit aussi ce qui me délivre

Pourquoi perdre en silence
Fatiguer l'épuisé, allumer l'incendié
Et n'offrir qu'à la ruine le refuge de mes bras ?
Je préférerais ne pas répondre à la question
Et laisser croire encore que j'ai fait de mon mieux

« Oui mais tu voulais quoi ? »
Je voulais quoi ?
Que ce fût impossible
Puis que ce fût fini

و تبكي الطيور